Felix Dahn

Zwölf Balladen

Felix Dahn

Zwölf Balladen

ISBN/EAN: 9783742899699

Hergestellt in Europa, USA, Kanada, Australien, Japan

Cover: Foto ©Thomas Meinert / pixelio.de

Manufactured and distributed by brebook publishing software (www.brebook.com)

Felix Dahn

Zwölf Balladen

Zwölf Balladen.

Zwölf Balladen

von

Felix Dahn.

Leipzig.
Druck und Verlag von Breitkopf und Härtel.
1875.

Meinem lieben Vater

Friedrich Dahn,
Ehrenmitglied des Münchener Hof- und National-Theaters.

Inhaltsverzeichniß.

	Seite
Odysseus	1
Nausikaa	3
Hako Heißherz	7
Sir Aethelbert	13
Die drei Schwestern	19
Vom kühnen Minstrel	23
König Richard und Blondel	27
Kreuzfahrerlieder der Deutsch-Herrn-Ritter in Preußen	35
Hermanns von Salza Aufruf zur Kreuzfahrt	35
Lied Ralfs vom Rhein	39
Herr Guzzo vom Gauchen aus Bayer-Land	41
Die Mette von Marienburg	45
Die Bernstein-Hexe	61
Das Lied vom Schill	63
Bei Sedan	65

Odysseus.

Was Achilleus nicht gelungen,
  Was nicht Ajas' Stärke that,
Priams Veste hat bezwungen
  Dieses Hauptes kluger Rath.

Ein Jahrzehnt mit kühnem Kiele
  Trotzt' ich Posidaons Wuth
Und ich drang zum sonn'gen Nile
  Und zu Lethe's dunkler Fluth.

Freundin rühm' ich mir Athen
Und der ew'gen Jugend Zier
Beut, die schöner als Helene,
Beut die Inselgöttin mir: — — —

Ach, wie gern wollt' ich vertauschen
Was mir Herrlichstes geschah,
Hört ich nur noch einmal rauschen
Deinen Bergwald, Ithaka! —

Nausikaa.

Rasch entschwebt, mit weißem Flügel,
    Fern ein Schiff gen Ithaka:
Hoch von steilem Felsen-Hügel
    Schaut in's Meer Nausikaa.

Weißen Arm mit goldner Spange
    Drückt sie vor das eble Haupt
Und sie späht noch, als schon lange
    Mann und Bot dem Blick geraubt.

„Aphrodite! — ruft sie — sage,
    Was verbrach ich, welche Schuld?
Glücklich glitten meine Tage
    In der greisen Aeltern Huld,

Und man rühmte, Freude glänze,
    Wo Nausikaa erschien: —
Was verbrachen meine Kränze?
    Göttin, weßhalb sandt'st du — — ihn

Ihn, der, einem Gott vergleichbar,
    Plötzlich vor mein Auge schritt! —
Dort enteilt er, unerreichbar,
    Ach, und meine Seele mit!"

Noch war an den Felsen-Stufen
    Nicht verhallt der Klage Ton —
Vor ihr, die sie angerufen,
    Stand der Liebe Göttin schon.

„Rache soll den Schmerz dir lösen,
Tröste dich, mein wundes Reh:
Tod und Unheil drohn dem bösen
Gatten der Penelope.

Denn Poseidon schwur Verderben
Dem gewalt'gen Mann noch heut',
Wenn statt seiner nicht zu sterben
Sich ein freies Opfer beut.

Und ich fliege, das zu melden
An Penelope sofort —
Ha, verwittwet trägt den Helden
Dann der Kiel zum Heimath=Port."

Doch die Jungfrau, qual=entkettet,
Sprang empor: „So sei's gethan!
Dank dir, Göttin! Ja, gerettet
Ist das Herz, dem Götter nahn."

Kaum entfloh das Wort der Lippe —
Schimmernd, wie ein weißer Schwan,
Flog die Jungfrau von der Klippe: —
Hoch auf schlug der Ocean.

Hako Heißherz.

I.

„Jung Hako bleib, gut rath' ich Dir,
  Es wankt mein Schritt zu Grab: —
Dein sei dies stille Mädchen hier
  Und dein mein Königsstab.

Arm ist der Nord, doch ist er treu,
  Und ist dein Heimathland:
Der Fremde Glück birgt bittre Reu:" —
  Doch Hako hob die Hand:

„Nein, König Frode, dreimal nein!
  Gieb Sälba's stilles Herz,
Gieb weiserm Mann die Krone dein: —
  Mich treibt es mittagwärts.

Hold ist ihr Antlitz, zart ihr Sinn,
　Ihr Herz ist tief und rein:
Doch Hako's Heißherz Königin
　Muß heißern Herzens sein!

Hier König über Norge's Eis
　Und Ficht' und Föhre sein
Und Recht und Frieden sprechen weis' —
　Nein, König Frode, nein! —

Und ruhn zuletzt im Hügelgrab,
　In Schlaf gewiegt vom Meer — —
Behalte deinen Königsstab:
　Fort, fort drängt mein Begehr!

Empor auf stolzen Säulen steigt
　Manch' Haus in Marmorglanz,
Von Myrth' und Lorber überzweigt,
　Im Meere von Byzanz.

Manch' Steinbild, alabasterweiß,
 Lauscht dort aus stillem Grün,
Und schöner noch und lebensheiß
 Nachtlock'ge Frauen glühn..

Hei! Gold und Wein und Rausch und Macht,
 Dazwischen Kampf und Blut: —
Ihr Segelbrüder, taucht vor Nacht
 Den Seewolf in die Fluth.

Eudoxia, du Kaiserkind,
 Halt' Kron' und Gürtel fest:
Denn Hako Heißherz freit geschwind! — —
 Auf, Seewolf, gen Südwest!" —

II.

Zehn Winter floh'n. — Still Abendroth
Lag über Meer und Strand —
Da stieg aus morschem Fischerbot
Ein müder Mann zu Land. —

Im Kronenschmuck ging Sälda hin
Am Ufer mit den Fraun. —
Er rief sie an: „Heil Königin!
Dich einmal noch zu schaun!

Nun scheid' ich gern! o Heimathland!
O Norge's Tannengrün!
O Mövenschrei auf Dünensand,
O weißes Wogensprühn!

Wie alles kam? — Sieg, Schlag auf Schlag,
   Und Glück und Glanz und Macht,
Ein Weib, schön, glühend wie der Tag
   Und — falscher wie die Nacht!

Der Seewolf? — tief im Griechenmeer!
   Die Segelbrüder? — todt!
Mein Eigen? dieser Eschenspeer
   Und jenes braune Bot.

Mein Herz ward siech, mein Haar ward grau —
   Ich heisch' nur Eine Gab':
Gieb mir, o Sälda, hohe Frau,
   Im Heimathland ein Grab!

Ja, laß' im Hügelgrab mich ruhn,
   In Schlaf gewiegt vom Meer!" —
Da sprach sie still: „Zehn Jahre nun
   Harr' ich der Wiederkehr:

Entflieh' den Deinen nicht so gleich:
Du warst so lang uns fern —
Nimm, Flüchtling, nimm mein Königreich —
Wie sehr verlangt's den Herrn!

Wohl ward ich stiller noch und bleich,
Du weißt's nicht: Sehnsucht zehrt:
Doch meine Hand soll heilen weich,
Wo dich die Welt versehrt." —

„O, Sälda, heilig Nordlandskind!
Nie war ich würdig dein!"
Sie küßten sich im Abendwind: — —
Aufstieg der Sterne Schein.

Sir Aethelbert.

I.

Sir Aethelbert von Mercia
 Ritt jagen in den Wald:
Er stieß in's Horn: Trara, Trara! — —
 Was schweigt sein Ruf so bald?

Es bricht und knackt im dichten Tann,
 Das Buchlaub raschelt leis,
Und vor ihm — o verlorner Mann! —
 Erschimmert's elfenweiß.

Sein Auge schließt sich glanzerschreckt:
 Da naht auf weißem Reh,
Vom langen Goldhaar nur bedeckt,
 Die weiße Waldesfe.

Wie zart, wie schlank, wie jung, wie weich,
Wie schämig und wie heiß:
Der Liebe höchstes Himmelreich
Giebt Elfen-Minne leis. —

Er hebt den Arm: „Und wird's mein Tod, —
Mein eigen sollst du sein."
Sie aber sprach: „Es wird dein Tod:
Ich aber werde dein:

Und dein wird Wonne nie geahnt
Von Erdenmann vor dir:
Schwörst du, wenn einst mein Bote mahnt,
Sofort zu folgen mir?"

„Ich folge dir zu jeder Stund':
Ich schwör's bei diesem Schwert:
Ein Kuß auf deinen rothen Mund
Ist tausend Leben werth."

Der Kukuk rief, — die Schlange schlief
Goldkrönig auf dem Stein: —
Im Waldmoos tief ein Brunnquell lief —
Da ward die Elfin sein. — —

II.

Manch Jahr ging hin. — Hallelujah
Und Glock' und Orgel dröhnt:
Am Dom=Altar zu Mercia
Ein König wird gekrönt.

Der Erzbischof weiht Kreuz und Kron',
Der Bischof weiht das Schwert,
Das Volk umjauchzt den Purpurthron:
"Heil König Aethelbert!

Du hast das Dänenjoch zerstört,
Dem Engelland erlag: —
Nimm nun den Lohn, der dir gehört,
Heut' kam dein Ehrentag."

Und schon den Fuß hebt auf den Thron
Der König: da — halt ein —
Da klippt und klappt ein scharfer Ton
Hell auf des Estrichs Stein:

Ein weißes Reh — es senkt den Bug
Vor Aethelbert vertraut:
Mit einem Blicke tief und klug
Hat's in sein Aug' geschaut.

Stumm legt er von sich Kron' und Schwert:
Rasch trug das Reh ihn fort: —
Wohin kam König Aethelbert? —
Er hielt der Elfin Wort. —

Die drei Schwestern.

Im Schloß zu Montfort bangen Schwestern drei,
Ob König Richard noch im Leben sei.
Oft sprach er zu: — gleich schön die Fräulein waren
In schwarzen, braunen und in goldnen Haaren.

Man wußte nicht, für welche schlug sein Herz:
„Er weiß es selbst nicht!" neckte Blondels Scherz.
Doch jede liebet ihn, den Wundervollen:
Er nahm das Kreuz: — seither ist er verschollen.

Die Schwestern harr'n. — Da tritt nach Tag und Jahr
In ihre Kemenat ein Pilgerpaar:
Der lange Bart, der Muschelhut beweisen,
Der Jordanstab der Pilger fromme Reisen.

„Euch edlen Fräulein künden wir nun Leid:
Gebunden liegt der Stolz der Christenheit:
In Trifels Burg, in schweren Eisenspangen,
Für's Leben liegt der Löwenherz gefangen!"

Da strich die Erste, Gräfin Eleanor,
Die stolzen schwarzen Braun gemach empor:
„Ich schwankte lang, wen der Rivalen wählen: —
Nun werb' ich Frankreich's König mich vermählen."

In Thränen sprach die Zweite, Gräfin Maud:
„Und ist der edle Mann lebendig tod,
Will ich mein langes braunes Haar verschneiden
Und bis ich sterbe mich als Nonne kleiden."

Die jüngste Schwester aber sprach kein Wort: —
Stumm stand sie auf: zur Thür schritt sie sofort:
Da sank sie fast: der Herzschlag blieb ihr stocken:
Gen Himmel schüttelt sie die gelben Locken.

Der größre Pilger sprach: „Wo wollt ihr hin?"
    „Zu ihm! Zu ihm!" — „Wie, was kömmt euch zu Sinn?" —
„Ich lieb' ihn und ich will so lange flehen,
    Bis Eines von zwei Dingen ist geschehen:

Die Freiheit ihm — wenn nicht —: mir selbst der Tod!"
    Da küßt der Pilger ihr die Lippen roth:
„Gut war dein Rath, Freund Blondel, kluger Sänger!
    Du herrlich Kind, nein, zweifle mir nicht länger.

Gefangen war ich — doch nun bin ich frei,
    Auf daß ich ewig dir zu eigen sei.
Dein Herz ist wie dein Haar, von lautrem Golde,
    Ich liebe dich, du süß Geschöpf, Isolde!"

Vom kühnen Minstrel.

I.

Wacht auf, ihr Herr'n von Brabwarbine,
   Reißt von der Raufe die Renner!
Heut' muß es rasch entschieden sein,
   Ob ihr Memmen seid oder Männer!

Der kecke Minstrel wob um sie
   Seine Lieder fest und fester —
Heut' Nacht mit ihm entwischte sie,
   Eure golden-lockige Schwester.

Ich sah sie flieh'n nach dem Birkenwald,
   Von Einem Rappen getragen:
Fest hielt er um die Elfengestalt
   Den dunklen Mantel geschlagen.

So weckte die Lords von Bradwardine
Bei Hahnenkrähn der Thürmer
Beim dritten Hahnruf querfeldein
Schon jagten die Rachestürmer.

II.

Süß ruhte das Paar an dem Birkenquell,
Versunken in seliges Kosen:
Er flocht in ihre Locken hell
Die duftigen, wilden Rosen.

Am Weg im Frühwind wogte das Korn:
Waldbrossel sang tief innen:
Das Brautlied rauschte der Felsenborn —
Oh weltverschwiegenes Minnen!

„Horch auf, Elfrida, die Brüder werth!
Nun heißt's ein Tänzlein tanzen:
Lord Edgar zückt sein schottisch Schwert,
Lord Edwin schwingt zwei Lanzen."

Auf sprang der Minstrel, zog den Stahl,
— Gut führt' er ihn, wie die Laute: —
Ein scharf Gefecht: wie bang zu Thal
Vom Bühl die Lady schaute!

Da fliegt Lord Edgar's Schwert in's Korn,
Lord Edwin's Speere splittern:
„Gedulb! vor König Richard's Zorn
Sollst, frecher Knecht, du zittern.

Wir klagen laut an seinem Thron!" —
Doch da lacht es silbertönig:
Der König, Lords? — der weiß es schon!
Denn ich bin euer König:

Richard Plantagenet bin ich,
Den Löwenherz sie schelten:
Als Sänger, Elfrida, korst du mich —
Der König wird's vergelten."

König Richard und Blondel.

I.

„Ist die letzte Saite gesprungen,
Die letzte Klinge zerstückt,
Noch den letzten Kuß dir, Geliebte,
Vom wonnigen Munde gepflückt" —

„Und dann, dann wollen wir sterben!
Der Bischof, mein Oheim, soll
Mir nicht im Kloster vergelten
All' seinen heiligen Groll."

„O Richard, Richard, mein König!
O wüßtest du Blondel's Noth, —
Du rissest den Freund noch lebend
Aus den Händen dem grimmen Tod!

Noch Einen Tag mag trotzen, —
Nicht länger, der morsche Wall:
Der Bischof segnet den Sturmbock
Vor jedem erneuten Prall:

O Richard, Richard, mein König
Nun säume nicht länger mehr!
Ich will ja freudig sterben —
Doch Eblitha sterben! — 's ist schwer!"

So rief der bedrängte Sänger
Vom pfeilumflogenen Thurm: —
Der Bischof von York, der heischte
Die entführte Nichte mit Sturm! —

II.

Ein Tag verging und geborsten
Der Wall in den Graben brach
Und empor zum letzten Wartthurm
Der grimmige Bischof sprach:

„Verzweifle, frecher Minstrel,
Du Mädchen berückender Schelm!
Ich weiß, wonach du ausspähst:
Nach des Königs Löwenhelm!

Doch zu Schanden wird dein Hoffen!
Für den du die Lande durchstreunt,
Vor allen Burgen klimpernd
Um den eingekerkerten Freund! —

Er verläßt dich! hat er doch selber
Einst nach Edlitha begehrt:
Ergieb dich! in der Scheide
Hält Eifersucht sein Schwert!

Das ist eure sündige Freundschaft,
Ihr sündigen Männer der Welt:
Ein sündiges Lieben zerreißt sie,
Wie sie sündige Liebe gesellt!"

„Wahr spricht er, seufzte die Holde,
Ich hab es dir nie bekannt:
Vor dir umwarb mich der König —
Längst hat er den Traum wohl verbannt!" —

„O Richard, Richard, mein König,
Das ist bittrer als Todtesschmerz,
Daß der schändliche Pfaffe lästert
Dein königlich Löwenherz!

Wenn dich, Eblitha, geliebt einst
Der erste Ritter der Welt: —
Und lägst du im Rachen der Hölle,
Dich erlöste der rettende Held!

Getrost, getrost nun, Eblitha:
So sicher wie Gottes Treu — —
Jetzt muß er kommen, mein Richard,
Mein herrlicher Königs=Leu:

Und riefen Blondel und Freundschaft
Und Dank den Plantagenet nicht —
Nun ruft ihn für eine Dame
Die ablige Ritterpflicht! —

Schau hin! staubwirbelnde Wolken
Aus dem Wald und ein flatternd Panier:
Und ein Ritter auf rasendem Rappen —
Sein arabisch Edelthier.

Auf dem Kronhelm funkelt der Löwe: —
Wie stürmt er durch Speer und durch Pfeil!
Dank, Richard, du Ritter der Treue,
Du König der Ehre, Heil!"

III.

Und im Schloßhof vor dem König
  Wehklagt das gerettete Paar:
Denn pfeilwund liegt er, entwaffnet,
  Schwer athmend, auf blutiger Bahr.

„O Richard, o mein König,
  Und um mich stirbst du den Tod!"
„Einmal stirbt auch der König —
  Laß, Blondel, was hat's für Noth! —

Wir zechten und sangen und küßten
  Und siegten in manchem Gefecht —
Wir jammerten nie im Leben —
  Im Tode stünd's uns schlecht.

Wir lebten ein freudig Leben
Und freudig sei unser Tod: —
Doch, Blondel, ich kann nicht lügen —
Nicht Freundschaft nur gebot —

Der letzte Handschlag im Leben,
Den König Richard giebt,
Sei Euer Lady Edlitha —
Denn ich hab' Euch immer geliebt!" —

Kreuzfahrer-Lieder der Deutsch-Herrn-Ritter in Preußen.

Hermanns von Salza Aufruf zur Kreuzfahrt.

Nicht fürder fern im Palmenlaube
    Verschwendet eble deutsche Kraft,
Wo in der Wüste Wirbel-Sande
    Nicht Schwert, nicht Pflug sich Heimath schafft.

Lang hielten Wacht wir träumend weiland
    Am heilgen Grab mit treuem Speer: —
Wir fanden's endlich aus: der Heiland
    Braucht keinen Schutz: sein Grab ist leer! —

Nein, wer begehrt nach Heiden-Streichen,
    Wer nach des Pfluges eb'lerm Streit: —
Ein Schlacht- und Brach-Feld ohne Gleichen
    Liegt nah der Heimath ihm bereit.

Wo jetzt die Negath und der Pregel
    Durch herrenlose Sümpfe schleicht,
Wo kaum im Haff vor seltnem Segel
    Der Möven zahllos Volk entweicht,

Wo des Perkunos Steine ragen,
    Von Urwald-Fichten schwarz umsäumt,
Wo wilde Steppenhengste jagen
    Und im Gestrüpp der Rohr-Wolf heult —

Dort, statt am Jordan zu vergeuden
    Des Ritters Muth, des Bauers Kraft,
Dort sollt Ihr fechten, bau'n und reuden
    Mit Axt und Grabscheit, Schwert und Schaft.

Auf! rasche Franken, zähe Sachsen,
Ihr Schwaben klug, ihr Bayern stark:
Gen Preußenland! aus Sumpf erwachsen
Soll Deutschland eine neue Mark.

Gen Preußenland! brecht, stät im Siegen,
Mit Schwert und Pflug die Wege klar
Und hoch ob euren Häuptern fliegen
Prophetisch soll des Reiches Aar.

Lied Ralfs vom Rhein.

Kalt ist die Märznacht, schwarz und still: —
   Das Eis der Nogath kracht: —
Der Sumpfwolf heult — der Nord pfeift schrill —
   Ich steh auf böser Wacht!

Zehn Knappen sind mein ganzes Heer, —
   Mein schmales Reich ein Thurm —
Auf Tage weit kein Freundes Speer —
   Rings Frost und Haß und Sturm!

Fremd sind und feindlich Meer und Strand —
   Kein herzvertrauter Stern: — — —
Oh Rheingau, du mein Heimathland,
   Wie fern bist du — wie fern!

Jetzt zieht der Lenz in lauer Nacht
Leis durch dein Rebland all',
Der Weißdorn blüht und bald mit Macht
Schlägt dort die Nachtigall.

Oh Kaiserpfalz im Ephen-Grün! — —
Welch' falsch Gemerk man trug! — —
Die Minne war wohl allzukühn,
Die mich so weit verschlug! —

Das schwarze Kreuz, ich nahm es still
Auf weißem Sturm-Gewand: —
Wer fern, wer einsam sterben will —
Der zieht gen Preußenland! —

Dein Los, o Herrin, tausendfalt
Sei Leben, Glanz und Heil:
Mein Los wird doch im Föhrenwald
Zuletzt ein Polen-Pfeil. — —

Herr Guzzo vom Gauchen aus Bayer-Land.

Aus dem Berg-Land der Bavaren,
 Wo die Loisach leuchtend rinnt,
Weit nach Ost-Nord-Ost verfahren
Hat mich zu den Pelz-Barbaren
 Ungelind ein Wetter-Wind.

Was ist viel davon zu melden!
 Große Herren fallen weich:
Doch wir schimmerlosen Helden,
Wir verderben's mit Frau Sälden
 Leicht bei jedem lust'gen Streich. —

Auf mein Schloß im Loisach=Grunde
Schickt ein wack'rer Trink=Gesell
Mir geheim vertraute Kunde
Wie und wo — zu welcher Stunde —
Rechter Zeit war ich zur Stell. —

Was braucht allen Rüdesheimer
Salzburgs Bischof ganz allein!
Alter Litaneien=Reimer,
Dacht' ich, diese zwanzig Eimer
Bring' ich in die Gauch=Burg ein.

Tief im Tann bei Traunstein lagen
Wir mit achtzehn Lanzen still:
Langsam rumpeln an die Wagen: —
Wir drauf los: doch wie ich schlagen
Just vom Gaul den Führer will, —

Merk' ich's an den Scharlach=Bäfflein:
Bischof Bumpo selbst war das!
Schau', selbst führt den Wein das Pfäfflein! —
Nun, da half nichts! ein klein Trefflein
Mit der Faust: — weich war das Gras! — —

Kaum vertrunken und verschlafen
War der Wein — Gott segne ihn! —
Als beim Marquart=Steiner Grafen
„Weg=Raub! Friedbruch! Zeter! Wâfen!"
Alle Durst'gen Salzburgs schrie'n.

König Rudolf ließ mir sagen:
„Guzze=Gauch, das war zu stark!
Hätt'st du nicht so fest geschlagen
Einst im March=Feld, gälts den Kragen! —
Zieh' dich flugs gen Preußen=Mark!"

Anfangs wollt' mich's schwer verdreußen.
 Um den Bischofs-Burzelbaum
Gleich bis Heiden-Land! bis Preußen!
Und ob dort auch Tropfen fleußen,
 Die ein Mann mag trinken? — — kaum!

Nun, so schlimm ist's nicht geworden.
 Zwar das Land — — ein arg flach Moor!
Doch mir taugt der tapfre Orden:
Gleich im Kampf thut's uns der Norden,
 Thut's im Trunk uns noch zuvor! — —

Aber freilich, ganz vor'm Ende
 Möcht ich einmal schauen noch
Glüh'n im Abendgold-Geblende
Eure stolzen Schroffen-Wände,
 Thorstein und Karwendel-Joch! —

Die Mette von Marienburg.

I.

„Nachtlockiges Weib, jagellonisches Blut,
So siegte doch endlich die süße Gluth!
Lang blieb ihr verhaßt der Deutsche, der Fremde,
Mit dem weißen Mantel auf schuppigem Hemde:
    Doch endlich ward sie inne
    Der siegenden Frau Minne,
Daß sie mir freud'ge Botschaft schrieb:
„O, komme, so wahr dir dein Leben lieb,
In der Christnacht auf Pobol, mein Schloß."
Nun, Greif, mein Rappe, mein wackres Roß,
Die schöne Feindin soll nicht warten!"

Und er zieht geheim in den Burgwallgarten
Am Zügel das leise wiehernde Thier:

„Schweig, trauter Greif, das rath' ich dir!
Wenn uns die Gebiet'ger erlauschten, die frommen,
Wir würden in sichern Verwahr genommen
Und wir flögen wohl niemals wieder, wir beide,
Auf Minnefahrt durch Wald und Heide."

Und sacht und rasch auf beschneitem Rasen
Führt er das Roß an die Ausfall-Pforte:

„Still, alter Hans, keine Predigt-Worte!
Willst du vielleicht das Lärmhorn blasen
Und den Priestern deinen jungen Herrn
Verrathen, daß sie ihn fah'n und sperr'n
Sein Leben lang zu Brod und Wasser,
Die gottseligen Burgunder-Prasser!"

Da lachte Hans, dann sprach er ernst:

„Daß du doch niemals Sitte lernst!
O lieber Falk, mein Junker werth,
Weit ist gerühmt dein rasches Schwert:
Jedoch du läß'st nicht von der Minne!
Die frommt dem Deutschherrn=Ritter nicht!
Wohin stehn dir heut' Nacht die Sinne,
Heut' Nacht, da heilge Christenpflicht
Uns alle ruft zur Mittnacht=Mette?"

„Auf Haus, rasch fort die Riegelkette!
Vielschönes Weib berief mich heiß!"

„Die Nogath geht in Trümmereis!" —

„Greif schwimmt gleich einem Neckarhecht!"

„Im Weichsel=Walde fährt sich's schlecht:
Dort rennen rudelweis die Wölfe."

„Nicht fürcht' ich ihrer zehn und zwölfe!"

„Im Tanne von Pobol verhohlen
Masuren bergen sich und Polen."

„Gleich ihren Wölfen acht' ich sie:
Zwölf gegen Einen fürcht' ich nie!
Rasch auf das Thürlein! Greif, nun lauf:
Frau Aventiure, nimm mich auf!" —

II.

„Gesteh du wilder, geliebter Mann,
Ob Zauber dir mein Herz gewann?
Du bist wie Sturm und Gluth und Gewitter,
Bist heißer als all die blonden Ritter,
Bist mark'ger als die Polenknaben:
Aus deinen dunkeln Augen und Locken
Sprüht's und knistert's wie Feuerflocken,
Du bist wie Gold und Stahl und Flamme" —

„Schön Lieb, das rührt von meinem Stamme!
Ich bin vom freud'gen Volk der Schwaben,
Ich bin aus Deutschlands wonn'gem Süd,
Wo heißer Blut und Minne glüht!
Wer suchte wohl den Falk von Stauf
Heut' Nacht bei schön Lodoiska auf!"

„Wie kamst du in den frommen Orden?"

„Der Heimath war ich urdrüß worden:
Mein Schwert schlief ein auf leichten Siegen:
Da drang der Ruf in's Neckarland:
— „Die deutschen Herrn erliegen!
Marienburg wird heiß berannt,
Sie schüttelt kaum vom Nacken
Die Wölfe, die Polacken,
Und Tag um Tag tobt grimmes Morden." —
Da dacht ich: „Falk, flieg aus nach Norden."
So trat ich in den frommen Orden:
Traun, nicht für's Werk der Pfaffen,
Für's freud'ge Werk der Waffen."

„So magst du leichtern Herzens hören,
Was ich erst jetzt enthüllen kann:
Du kannst den Plan nicht mehr zerstören,
Der meinem Volk den Sieg gewann:

Als ich dich sterben sollte wissen,
Da ward mein Lieben grell mir klar:
Geliebter Mann, dich hat entrissen
Loboiska sichrer Todgefahr:
Weißt du, weßhalb ich dich beschworen
Heut aus Marienburg hieher?
All' deine Brüder sind verloren,
Sie schau'n den nächsten Tag nicht mehr!
Verrath erschließt das Nogath=Thor
Beim letzten Schlag der Mitternacht:
Sechstausend Polen steh'n davor:
Was drinnen lebt wird umgebracht.
So siegt mein Volk — die Deutschen fallen: —
Doch du, der Einz'ge sollst von Allen,
Du wilder Edelfalke mein,
Durch mich, für mich gerettet sein:
Ich liebe Dich! Komm an mein Herz" —

Auf fuhr der Stauf in Schreck und Schmerz:

„Marienburg! der Brüder Leben!
Gott, Flügel mußt du jetzt mir geben!"

Und eh' die Polin sich's versehn,
War schon der kühne Sprung geschehn
Vom Erkerfenster in den Schnee:

„Jetzt renne Greif! sonst, ewig: Weh!"

III.

Den Nacken gesenkt, die Zügel verhängt,
Durch die Nacht kommt der rasende Reiter gesprengt.

Längst ließ er die Straße, verlor er den Pfad,
Nach Süden, nach Süden nur pfeilgerad!

Ueber der Heiden endlos Weiß,
Ueber der Bäche krachend Eis,
Ueber die Schluchten von mürbem Schnee,
Ueber den spiegelglatten Schnee,
Hinab die Halden, hinan die Hügel
Trägt ihn das Roß wie Adlerflügel:
Die Dornen reißen im heißen Hetzen
Vom flatternden, weißen Mantel Fetzen!

Schon gewann er den dichten Wald von Pobol:
Zu seinen Häupten lacht es hohl: —
Das sind in den Föhrenwipfeln die Eulen.

Doch näher und immer näher heulen,
Die Wölfe zur Rechten, die Wölfe zur Linken:
Dem Rappen wollen die Kniee sinken,
Es schnaubt, es zittert das edle Thier:

„Greif, Freund Greif, nicht bange dir!
Halt aus, halt aus! es gilt viel mehr
Als unser Leben: es gilt die Ehr'!
Laß sie nur kommen, die Hunde, die feigen:
Ich will ihnen schwäbisches Eisen zeigen."

Und er klopft ihm den Hals — ausgreift das Roß —
Doch nah schon rennt der heulende Troß,
Zur Linken, zur Rechten sieht er sie jagen,
Doch den Ansprung will keiner wagen:

Herr Stauf zieht jetzt sein breites Messer:
Er schwingt's im Mondlicht — das scheucht sie besser:
Aber die Eine, die Wölfin, die magre,
Die graue, die große, die hungrige, hagre,
Reißt endlich hin die lechzende Gier:
Sie springt auf den Bug dem schnaubenden Thier: —
Da fährt durch die Gurgel ihr scharfer Stahl,
Und die Sterbende schleudert Herr Falk zur Erde
Und sofort sie zerfleischen die andern zumal
Und lassen vom Reiter und seinem Pferde. —
Der weiße Mantel ward blutig roth:
„Vorüber, Freund Greif, die Wolfes=Noth!" —

Aus dem Tann in das Freie jagt der Stauf: —
Was stutzt der Rappe? was hält ihn auf?
Vor ihnen welch' Gurgeln! der Mond tritt grell
Aus dunklem Gewölk: er leuchtet hell!
Und ringsum kracht's' und knistert und dröhnt:
Die Nogath ist's, die im Eisgang stöhnt!

Im Strahl des Monds, weiß, grün und grau,
Wogt Wasser und Eis — welch' grimme Schau!
Bald Fluthen schwarz wie Todesnacht,
Bald Eisgezack' kristall'ner Pracht:
Es rauscht, es knirscht, es zieht, es kracht: — —
Falk spornt das Roß: doch der treue Greif,
Er sperrt sich todesbang und steif:
Die Vorderfüße vorgestemmt,
Den Hinterbug zurückgehemmt,
Die Mähne weht kopfüber wirr, —
So starrt er in das Eisgeklirr;
In die dunkle Fluth, in den kalten Wind: — —

„Greif aus, mein Greif, geschwind, geschwind!
Schwimm durch! schwimm durch! es gilt viel mehr
Als unser Leben! es gilt die Ehr'!
Nun spring' und schwimm! es muß, es muß!"

Und in den eisigen, grollenden Fluß
Setzt der Rappe mit edlem Schwung:
Er springt und watet und schreitet und klimmt
An's Ufer, an's steile, mit sichrem Sprung!
Da grüßet schon — das ist kein Stern! —
Das Licht Marienburgs von fern,
Das rothe Licht vom Remterthurm! —

Doch vor der Burg, wie ein ringelnder Wurm,
Was kauert und schleichet und lauert dort?

„Halt, Reiter, gieb das Losungswort"
So ruft's in zischelndem Slaventon! —

„Der Teufel ist's, du Wolfessohn,
Der Teufel kömmt euch holen,
Ihr gottverfluchten Polen!"
So ruft Herr Falk und jagt vorbei:

Da hallt ein halb verhalt'ner Schrei:
„Nach, nach! mit allen Rossen!
Mit sausenden Geschossen,
Doch leis, daß von der Zinne
Man unser nicht wird inne."

Und hinter dem keuchenden, schäumenden Rappen
Die kleinen polnischen Hufe klappen:
Und verräth der Mond den weißmant'ligen Reiter,
Dann schwirren die Pfeile: weit und weiter
Schon jagt er voraus: — noch einmal ein Schwarm
Von Geschossen auf Schulter und Rücken und Arm: —
Da hält er auch schon vor dem Nogath-Thor:
Todt stürzt das Roß, aus dem Sattel empor
Der Reiter springt und mit letzter Kraft
Schlägt er an's Thor das Schwert mit Macht,
Ein- zweimal- drei: — und geisterhaft
Anschlägt die Glocke Mitternacht.

Er ruft: „Verrath! auf! auf!
Euch Brüder warnt der Stauf,
Laßt jetzt Gebet und Metten,
Das Leben gilt's zu retten!
Verrath erschließt das Nogath=Thor —
Beim letzten Schlag der Mitternacht —
Sechstausend Polen stehn davor —
Ich kann nicht mehr — es ist — vollbracht!"

Ein lauter Hornruf scholl vom Wall,
Rings Fackeln, Waffen überall:
Bald brachen wie Gewitter
Hervor die deutschen Ritter,
Die Polen flohn mit Eilen: —
Doch todt, mit sieben Pfeilen,
Hob man den Warner auf,
Den Schwaben Falk von Stauf!

Die Bernstein-Hexe.

I.

Sankt Elms Licht flackert am Hexen-Thurm:
Die Bernstein-Hexe beschwor den Sturm:

Ihre Botin ruft ihn flugs herbei —
Lachmöve mit gellendem Schrilleschrei:

Den West-Nord-West vom schwedischen Sund:
Der wühlt das Meer-Gold auf vom Grund!

Hinaus mit Netzen, mit Bark' und Bot,
In das gleißende Glück, in den Taucher-Tod!

Bald kehren wir wieder, das Bot raubvoll —
Nur der Jüngste ertrunken — das ist ihr Zoll!

II.

Heut' traf es Jung Jörge von Heidebrink,
Hei, haschte die Hexe hinab ihn flink!

Doch wohl dir, jung Jörge! Sie bettet dir warm
Am wogenden Busen, im weißen Arm:

Und schlingt dir mit Kosen in's triefende Haar
Von flammendem Bernstein die Krone klar!

Das Lied vom Schill.

„Mein Preußen zertreten, mein Deutschland tobt,
Rings Schmach und Schmerzen, rings Nacht und Noth
  Und die Augen der edelsten Frau der Erd',
  Die Augen Louisens, vom Weinen roth — —
  Nicht länger trag ich's! — Husaren, zu Pferd!
Wer reiten und fechten und sterben will —
  Der folge mir" — so sprach der Schill.

Bei Wittenberg und bei Halberstadt
Wie scharf er geritten, gestritten hat!
  Doch tausend auf zehn sind zu viel zuletzt:
  Sie haben ihn bis Stralsund gehetzt:
  „Den Schrecken ohne Ende hab' ich satt:
Ein Ende mit Schrecken ich machen will,
  Das soll Rache wecken!" — so that der Schill. —

Stralsund, wie dein Markt von Blute floß!
Die Straßen der Holländer Fußvolk schloß:
 „Ergebt euch, Schill!" rief ihr General:
Doch der Schill, der hieb ihn straks vom Roß:
 Da trafen ihn Kugeln zwölf zumal:
„Hoch Deutschland!" rief er: dann sprach er still:
 O Kön'gin Louise!" — — so starb der Schill. —

Bei Sedan.

I.

Bei Bazeilles, bei Balan hin und her,
Wie rangen doch meine Bayern schwer!

Da traf ich am Graben, im Schützen-Kampf, —
— Kaum sah man die Brücke vor grauem Dampf —

Am zerschoss'nen Zaun, von dem Park nicht weit,
Den Hauptmann, den Freund aus der Jugendzeit!

„Freund Felix, du hast dein altes Glück!
Heut' schaust du des Krieges schönstes Stück!

Die Sachsen, so heißt es, sind schon ganz nah: —
— Avanciren, Hornist! — und die Garden sind da!

Wir fangen sie, hoff' ich, auf Einen Schlag:
Das wird meines Lebens schönster Tag."

II.

Zwei Stunden darauf, da brachten sie
Mir sterbend den Hauptmann nach Douchéry.

„Ist's wahr, Freund?" frug er mit mattem Ton.
„Ja! — gefangen der Kaiser und Mac Mahon,

Und das ganze Heer — hunderttausend Mann!"
„Ich sterbe — grüß' mir den von der Tann

Und wer an der Isar mein denken mag: — —
Das war meines Lebens schönster Tag!"